LENE KNUDSEN
FOTOS VON RICHARD BOUTIN

SUPER EINFACH
KOCHEN MIT 4 - 6 ZUTATEN

ENERGY FOOD

W0194880

Librero

Inhalt

APPETITHAPPEN (SALZIG UND SÜSS)

ABENDESSEN

DESSERT

Energiequellen

In schweren Stress- oder Belastungssituationen benötigt der Körper verschiedene Nähr-stoffe, um so leistungsfähig wie möglich zu sein. Diese Nährstoffe können in 5 Kategorien unterteilt werden: Kohlenhydrate, Proteine, Fette, Vitamine und Mineralstoffe.

KOHLENHYDRATE

Kohlenhydrate sind unverzichtbar für die ordnungsgemäße Funktion des Körpers. Sie liefern den Brennstoff für Gehirn und Muskeln.

Schnelle Kohlenhydrate sind Express-lieferanten für kurzfristige Energie.
Wo findet man sie? Bananen, Trocken-früchte (Datteln, Feigen, Rosinen), Honig, Schokolade, Kompott, Saft, Müsliriegel, Mais, weißer Reis, weiße Teigwaren, Weißbrot usw.

Langsame Kohlenhydrate sind zu bevorzugen, weil sie gestatten, den glykämischen Index langfristiger stabil zu halten und das Hungergefühl zu verzögern.

Wo findet man sie? Kohl, Spinat, Vollkorn (Roggen, Hafer, Reis), Vollkornbrot, Hülsen-früchte usw.

PROTEINE

Dies sind die Muskelbausteine. Sie sorgen dafür, dass die Muskelzellen wachsen und die bei Anstrengungen beschädigten Muskelzellen repariert werden.
Wo findet man sie? Weißes Fleisch, Fisch, Milchprodukte (Joghurt, Käse), Brokkoli, Chia-Samen, Dinkel, Quinoa, Hülsenfrüchte (Linsen, Kichererbsen, Soja), Nüsse, Mandeln, Haselnüsse usw.

FETTE

Fette sind schwer verdaulich (6 – 9 Stunden), deshalb wird empfohlen, vor dem Sport nicht zu viele davon aufzunehmen. Sie enthalten dennoch Vitamin A, D und E sowie essenzielle Fettsäuren, die der Körper selbst nicht produziert. Omega-3 reduziert die Müdigkeit nach Leistungen. Außerdem sind sie gut für das Gedächtnis und die Konzentration und wirken positiv bei Angstzuständen und Schlaflosigkeit.

Wo findet man sie? Fette Fische (Lachs, Makrelen, Sardinen), Krustentiere (Shrimps), pflanzliche Öle (Olive, Nuss, Raps, Leinsamen), Chia-Samen usw.

VITAMINE

Der Körper kann Vitamine nicht selbst bilden, deshalb müssen wir sie mit der Nahrung aufnehmen. Man spricht auch von „Mikronährstoffen", weil der Körper sie in sehr kleinen Mengen benötigt.

Vitamin B hilft den Muskeln, die Energieversorgung umzusetzen.
Wo findet man es? Getreide (Hafer, Gerste, Buchweizen, Weizen), Milchprodukte, Eier usw.

Vitamin C ist ein leistungsstarkes Antioxidans, das unsere Zellen schützt.
Wo findet man es? Obst (Kiwis, Johannisbeeren, Mangos, Papayas, Grapefruits, Orangen, Zitronen, Heidelbeeren, Erdbeeren), Gemüse (Karotten, Süßkartoffeln, Kohl), Knoblauch, Soja, Erbsen, Quinoa usw.

MINERALSTOFFE

Mineralstoffe werden in 2 Kategorien eingeordnet: Oligoelemente (Eisen, Zink, Kupfer usw.) und wichtige Mineralien (Calcium, Natrium, Magnesium usw.). Natrium, Kalium, Calcium, Magnesium und Eisen treten beim Sport durch Transpiration aus dem Körper. Es ist wichtig, diese Verluste durch die Ernährung auszugleichen.

Wo findet man sie? Samen und Kerne (Leinsamen, Sonnenblumen, Sesam, Chia, Kürbis) usw.

WASSER

Ohne ausreichende Hydrierung ist der Körper nicht leistungsfähig. Regelmäßiges Trinken sowie Flüssigkeitsaufnahme beim Sport helfen, Verletzungen, Krämpfe und Verdauungsprobleme zu vermeiden, aber auch, sich schneller zu erholen. Wussten Sie, dass unsere geistige und sportliche Leistung um 10 % abnimmt, wenn wir 1 % unseres Gewichts an Wasser verlieren? Besorgniserregend!

DIE GOLDENEN REGELN

☐ Vor dem Wettkampf

Essen Sie am besten 3 Stunden vor dem Wettkampf. Wenn Sie kurz davor essen müssen, trinken Sie besser einen Fruchtsaft, gemischt mit Gemüse, essen ein nicht gezuckertes Kompott oder Trockenfrüchte und Nüsse, die den Vorteil haben, dass sie sehr schnell aufgenommen werden können.

☐ Während des Wettkampfs

Wenn Sie für mehr als eine Stunde im Wettkampf sind, essen Sie Müsliregel, Obst oder Saft mit ein bisschen Salz, um den Mineralienverlust durch Transpiration zu kompensieren. Andernfalls ist Wasser ausreichend!

☐ Nach dem Wettkampf

Um Müdigkeit und Krämpfe zu vermeiden, essen Sie in der Stunde nach dem Wettkampf am besten:
- Verwertbare Getränke (Saft/Gemüsesaft)
- Getreide (Brot, Nudeln)
- Bananen
- Müsliriegel
- Früchtejoghurt
Trinken Sie außerdem viel Wasser!

☐ Vorsichtsmaßnahmen

Achtung: Kaffee, Tee, gezuckerte Getränke und Wasser mit Kohlensäure können den Körper dehydrieren. Zu kalte Getränke können Krämpfe im Verdauungstrakt verursachen und einen unnötigen Energieverlust verursachen, weil der Körper wieder „aufheizen" muss.

Samen und Nüsse rösten

Um eine kleine Dosis Kraft zu gewinnen und sich ein Hauptgericht zu ersparen, gibt es nichts Besseres als geröstete Kerne, Samen und Nüsse! Sie werden überrascht sein, wie gut sie schmecken, und die knusprige Zwischenmahlzeit schnell zu schätzen wissen.

Was sollten Sie wählen?

Variieren Sie den Genuss:
- ☐ Kürbiskerne
- ☐ Sonnenblumenkerne
- ☐ Sesamsamen
- ☐ Haferflocken
- ☐ Mandeln
- ☐ Cashew-Kerne
- ☐ Kokosflocken
- ☐ Erdnüsse
- ☐ Nüsse

2 Methoden

☐ In einer Pfanne bei mittlerer Hitze für 4 – 5 Minuten.
☐ Im Ofen bei 180 °C für 8 – 10 Minuten.

Aufbewahrung

In einem luftdichten Behälter für 1 Woche.

Vinaigretten

Um die für das Mittag- und Abendessen vorgeschlagenen Schalen und Teller zu würzen, finden Sie hier 5 sehr einfache Rezepte für Vinaigretten.

Prinzip

Die Zutaten in einer kleinen Schale aufschlagen, um eine dickflüssige Konsistenz zu erzeugen, salzen, pfeffern – fertig!

Trick

Bereiten Sie die Vinaigrette als Vorrat in größeren Mengen vor und bewahren Sie sie im Kühlschrank auf.

FRISCHE KRÄUTER

- ☐ 2 Esslöffel Dijon-Senf
- ☐ 1 ½ Esslöffel Balsamico-Essig
- ☐ 80 ml Olivenöl
- ☐ 3 Esslöffel fein gehackte frische Kräuter (Dill, Schnittlauch)
- ☐ 1 Esslöffel fein geschnittene Zwiebel (bevorzugt rote Zwiebel oder Schalotte)
- ☐ 1 Prise Salz und Pfeffer

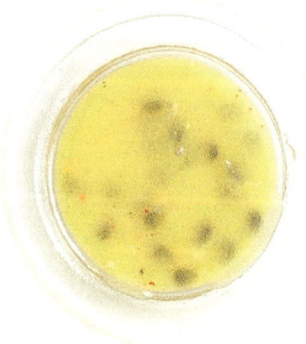

PASSIONSFRUCHT UND SÜSSE PEPERONI

- ☐ 1 ½ Passionsfrüchte
- ☐ 60 ml Olivenöl
- ☐ 1 Esslöffel Weinessig
- ☐ 1 Esslöffel Dijon-Senf
- ☐ 1 Prise Piment d'Espelette (Chilipulver)
- ☐ 1 Esslöffel Akazienhonig
- ☐ 1 Prise Salz und Pfeffer

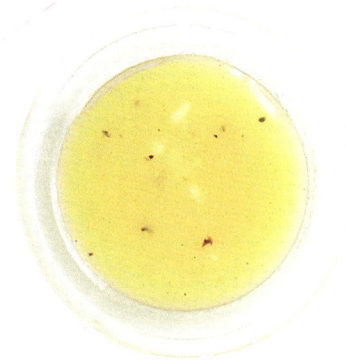

ZITRONE

- ☐ 4 Teelöffel Dijon-Senf
- ☐ 2 Esslöffel Weinessig
- ☐ 60 ml Olivenöl
- ☐ ½ oder ¼ Knoblauchzehe (in kleine Stücke schneiden)
- ☐ 4 Teelöffel Akazienhonig
- ☐ 1 Esslöffel Zitrone
- ☐ 1 Prise Salz und Pfeffer

AVOCADO

- ☐ 2 Esslöffel Weinessig
- ☐ 50 ml Olivenöl
- ☐ 1 kleine, reife Avocado (püriert)
- ☐ 2 Esslöffel Zitronensaft
- ☐ 4 – 5 Esslöffel Wasser
- ☐ 1 Prise Salz und Pfeffer

Um eine glatte Konsistenz zu erhalten, in einem Mixer vermengen.

ROTE BETE

- ☐ ½ gekochte Rote Bete (vakuumiert), in Würfel geschnitten
- ☐ 60 ml Olivenöl
- ☐ 2 Esslöffel Balsamico-Essig
- ☐ 4 – 5 Esslöffel Wasser
- ☐ 1 Prise Salz und Pfeffer

Um eine glatte Konsistenz zu erhalten, in einem Mixer vermengen.

Porridge mit Birne und Datteln

 **In 10 Minuten vorbereitet**

Ohne Kochen oder Backen

Für 1 Person

Birne
x ½

getrocknete Datteln
x 2

○ Die Birne waschen und in feine Streifen schneiden. Die Datteln in Stücke schneiden. Die Mandeln grob hacken.

Reismilch
180 ml

Zimt
1 Prise

○ Haferflocken, Reismilch, Dattelstücke, Birnenstreifen und gehackte Mandeln in eine Schüssel geben. Den Zimt darüberstreuen.

○ Tipp: Geben Sie einen Schuss Honig dazu.

ungeschälte Mandeln
x 5

Haferflocken
70 g

Porridge mit Kirschen und Mandeln

Kirschen
x 8

Orange
x ½

 In 5 Minuten vorbereitet

 5 – 7 Minuten Kochzeit

 Für 1 Person

Haferflocken
70 g

Mandelmilch
200 ml

geröstete Mandeln
x 10

Rohrzucker
1 Esslöffel

○ Die Kirschen waschen und entkernen. Die Mandeln in Stücke schneiden. Zesten von der Orange schaben.

○ Die Haferflocken und die Mandelmilch in einen Topf geben und aufkochen. Mit einem Holzlöffel 5 – 7 Minuten bei mittlerer Hitze umrühren.

○ Das Porridge in eine Schüssel geben und die Kirschen hinzugeben. Mit Mandeln, Orangenzesten und dem Rohrzucker bestreuen.

Porridge mit Apfel und Nüssen

geröstete Nüsse
x 10

Mandelmilch
150 ml

 In 5 Minuten vorbereitet

 Ohne Kochen oder Backen

 Für 1 Person

Haferflocken
100 g

Rosinen
2 Esslöffel

○ Den Apfel waschen. In Scheiben und dann in Stifte schneiden. Die Nüsse grob hacken.

○ Haferflocken, Mandelmilch und dann die Apfelstifte, die Rosinen und die Nüsse in eine Schale geben.

○ Den ganzen Honig darüber-gießen.

roter Apfel
x ½

Akazienhonig
1 Esslöffel

Nordisch belegtes Brot

 In 15 Minuten vorbereitet

 4 Minuten Kochzeit

 Für 1 Person

Vollkornbrot
x 1 Scheibe

Eier
x 2

Brokkoli
x ¼

Mandelplättchen
1 Esslöffel

Räucherlachs
x 2 Scheiben

Olivenöl
2 Esslöffel

○ Den Brokkoli in kochendem Salzwasser für 4 Minuten kochen. Abgießen und die Hälfte des Öls darübergießen und salzen. Die Mandeln in einer Pfanne ohne Öl anrösten.

○ Das restliche Öl in einem Topf bei mittlerer Hitze erhitzen. Die Eier in eine Schale schlagen, in den Topf gießen und für 1 – 2 Minuten durchrühren. Salzen und pfeffern.

○ Die Eier auf das Brot geben, daneben den Lachs und den Brokkoli legen und mit Mandeln bestreuen.

Omelett mit Champignons

 In 5 Minuten vorbereitet

10 Minuten Kochzeit

Für 1 Person

Eier
x 4

Champignons
x 10

○ Die Champignons waschen und vierteln. Den Schnittlauch mit der Schere kleinschneiden. Die Eier in einer Schale aufschlagen, salzen und pfeffern. Die Hälfte des Schnittlauchs hinzufügen.

Schnittlauch
3 Stiele

Olivenöl
1 Schuss

○ Einen Schuss Olivenöl in eine Pfanne geben und die Champignons 5 Minuten anbräunen. Zur Seite legen. Die Eier 2 Minuten bei starker Hitze in der Pfanne anbraten.

○ Die Spinatblätter und die Champignons hinzufügen und dann das Omelett falten. 2 – 3 Minuten bei schwacher Hitze weiterbraten lassen. Den Schnittlauch darüberstreuen.

Blattspinat
x 1 kleine Handvoll

Chia-Pudding, Kokos und Orange

 In 5 Minuten vorbereitet

 Ohne Kochen oder Backen

 6 Stunden im Kühlschrank

 Für 2 Personen

Chia-Samen
4 Esslöffel

Kokosmilch
250 ml

Vanilleextrakt
1 Löffel

Zimt
1 Prise

Orange
x 1

○ Zesten von einer halben Orange schaben. Die Chia-Samen, das Vanilleextrakt, die Orangen-zesten (ein paar zurückbehalten) und die Kokosmilch in eine große Schüssel geben.

○ Mischen, mit Frischhaltefolie abdecken und 6 Stunden oder besser über Nacht in den Kühlschrank stellen.

○ Am nächsten Tag Orangenfilets schneiden. Diese auf den Chia-Pudding legen. Mit dem Zimt und den restlichen Orangen-zesten bestreuen.

Gewinnerteller

In 5 Minuten vorbereitet

4 Minuten Kochzeit

Für 1 Person

Ei
x 1

Roggenbrot
x 2 Scheiben

Banane
x ¼

Kokosflocken
2 Esslöffel

Naturjoghurt
x 1 Becher

Passionsfrucht
x ½

○ Das Ei 4 Minuten in einem Topf mit Wasser kochen. Die Brotscheiben rösten und in Streifen schneiden.

○ Den Joghurt, die in Scheiben geschnittene Banane und das Fruchtfleisch der Passionsfrucht in eine Schüssel geben.

○ Die Kokosflocken in einer Pfanne ohne Öl bei mittlerer Hitze ein paar Minuten rösten, gelegentlich umrühren, dann über die Früchte streuen.

Kiwi-Joghurt und Roggen

 In 10 Minuten vorbereitet

 5 Minuten Kochzeit

 Für 1 Person

Kiwi
x 1

Joghurt
x 1 Becher

Butter
1 nussgroßes Stück

Roggenbrot
x 1 Scheibe

Ahornsirup
1 Schuss

○ Das Brot in Würfel schneiden. Das Brot in einer Pfanne mit Butter und einem Schuss Ahornsirup anrösten. Umrühren, bis die Croutons gut angebraten sind. Abkühlen lassen.

○ Den Joghurt und die in Scheiben geschnittene Kiwi in eine Schüssel geben. Die Croutons und ein paar Spritzer Ahornsirup hinzugeben.

Müsli-Joghurt

 In 3 Minuten vorbereitet

 4 Minuten Kochzeit

 Für 1 Person

Vanillejoghurt
x 1 Becher

Haferflocken
30 g

○ Die Haferflocken in einer Pfanne ohne Öl 3 Minuten anrösten und dann abkühlen lassen.

○ Die getrockneten Feigen in Stücke schneiden.

○ Den Joghurt in eine Schale geben, die Körner darüberstreuen und die Feigenstücke dazugeben.

Kürbiskerne
1 Esslöffel

Sonnenblumenkerne
1 Esslöffel

Sesamsamen
1 Esslöffel

getrocknete Feigen
x 4 kleine

Pfannkuchen mit Kürbis und Banane

 In 15 Minuten vorbereitet

 4 Minuten Kochzeit

☺ **Für 5 Pfannkuchen**

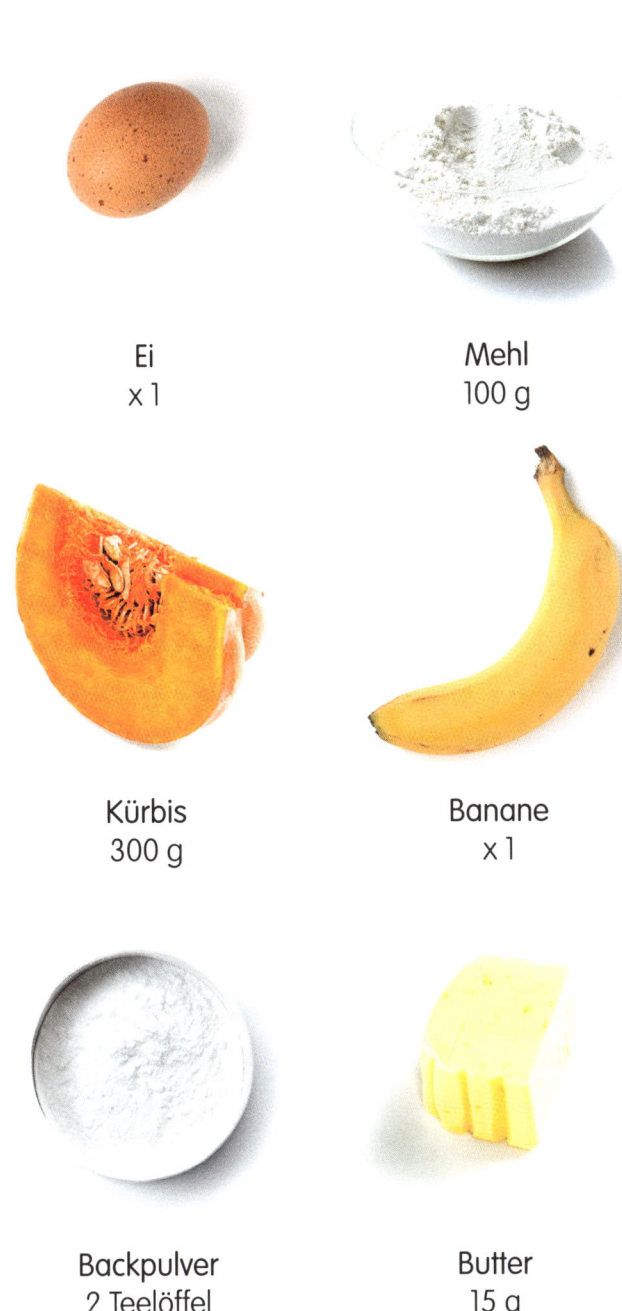

Ei
x 1

Mehl
100 g

Kürbis
300 g

Banane
x 1

Backpulver
2 Teelöffel

Butter
15 g

○ Den Kürbis schälen und die Kerne entfernen. 15 Minuten in kochendem Wasser sieden, abtropfen lassen und pürieren.

○ Die Banane in Scheiben schneiden. 10 g Butter schmelzen.

○ Das Mehl mit dem Backpulver sieben. 180 g Kürbispüree, die geschmolzene Butter und das Ei hinzufügen. Mischen.

○ Die restliche Butter in einer Pfanne schmelzen, 2 kleine Schöpfkellen Teig hineingießen und 4 Bananenscheiben hineingeben. Von jeder Seite 2 Minuten backen. Mit Ahornsirup servieren.

Smoothie-Schale Erdbeere

 In 10 Minuten vorbereitet
1 Stunde im Gefrierfach

 6 – 8 Minuten Kochzeit

 Für 1 Person

Joghurt
x 1 Becher

Erdbeeren
x 6

○ Die Banane in Scheiben schneiden, mit 3 Erdbeeren auf Backpapier setzen und zusammen mit dem Joghurt 1 Stunde in den Gefrierschrank geben.

Chia-Samen
1½ Esslöffel

Kürbiskerne
2 Esslöffel

○ Die Kürbiskerne und die Kokosflocken 6 – 8 Minuten im auf 170 °C vorgeheizten Ofen rösten.

○ Den Joghurt mit den gefrorenen Früchten vermischen. Den Joghurt mit den Chia-Samen und den Kürbiskernen, den Kokosflocken und den geviertelten frischen Erdbeeren in eine Schale geben.

Banane
x 1

Kokosflocken
2 Esslöffel

Smoothie-Schale Kirsche

angedickte Kokoscreme
200 ml

Banane
x 1

✎ **In 10 Minuten vorbereitet
1 Stunde im Gefrierfach**

🍲 **Ohne Kochen oder Backen**

☺ **Für 1 Person**

ungeschälte Mandeln
x 10

Chia-Samen
1 Esslöffel

○ Die Banane in Scheiben schneiden, auf Backpapier setzen und 1 Stunde in den Gefrierschrank geben. Die Kokoscreme in eine Tüte gießen und 1 Stunde in den Gefrierschrank geben.

○ 5 Kirschen auftauen. Die Mandeln grob hacken. Die kristallisierte Kokoscreme mit der Banane und 5 tiefgekühlten Kirschen vermischen.

○ Die Mischung in eine Schale geben, die Chia-Samen hinzufügen, ebenso wie die restlichen halbierten 5 Kirschen und die Mandeln.

tiefgekühlte Kirschen
x 10 kleine

Smoothie-Schale Kiwi

 **In 10 Minuten vorbereitet
1 Stunde im Gefrierfach**

 Ohne Kochen oder Backen

 Für 1 Person

angedickte Kokoscreme
200 ml

Banane
x 1

Chia-Samen
1 Esslöffel

Kokosflocken
2 Esslöffel

○ Die Kokoscreme in eine Tüte gießen und 1 Stunde in den Gefrierschrank geben. Die in Scheiben geschnittene Banane und 1 Kiwi auf einen Bogen Backpapier setzen. 1 Stunde in den Gefrierschrank legen.

○ Die Kokosflocken in einer Pfanne ohne Öl rösten. Die Kokoscreme mit den tiefgekühlten Früchten vermischen.

○ In eine Schale geben, die Chia-Samen, die Kokosraspeln und die in Stücke geschnittene frische halbe Kiwi hinzugeben.

Kiwi
x 1 ½

Smoothie-Schale Himbeere

 In 10 Minuten vorbereitet
1 Stunde im Gefrierfach

 Ohne Kochen oder Backen

 Für 1 Person

angedickte Kokoscreme
200 ml

Banane
x 1

Chia-Samen
1 Esslöffel

Avocado
x 1

Himbeeren
x 6

Sesamsamen
1 Teelöffel

○ Die in Scheiben geschnittene Banane auf einen Bogen Backpapier setzen. Die Kokoscreme in einen Beutel geben. Das Ganze 1 Stunde in den Gefrierschrank legen.

○ Die kristallisierte Kokoscreme mit der Banane und der in Stücke geschnittenen Avocado vermischen.

○ Mit den Samen und den Himbeeren in Schalen gießen.

Smoothie-Schale Kakao

angedickte Kokoscreme
200 ml

Banane
x 1

 In 10 Minuten vorbereitet
1 Stunde im Gefrierfach

 Ohne Kochen oder Backen

 Für 1 Person

Chia-Samen
1 Esslöffel

ungezuckerter Kakao
3 Esslöffel

○ Die Banane in Scheiben schneiden, 3 davon zur Seite legen und die anderen auf einen Bogen Backpapier setzen. Die Kokoscreme in einen Beutel geben. Das Ganze 1 Stunde in den Gefrierschrank legen.

○ Die Kokoscreme mit der tiefgekühlten Banane und dem Kakao vermischen.

○ Die Mischung in eine Schale gießen, die Chia-Samen und 3 Esslöffel Granatapfelkerne hinzugeben, ebenso wie die restlichen Bananenscheiben.

Granatapfel
x 1

Müsliriegel mit Aprikosen

 In 20 Minuten vorbereitet

 25 Minuten Kochzeit

 Für 10 Riegel

grobe Haferflocken
230 g

Kokosnussöl
70 g

getrocknete Aprikosen
x 8

Akazienhonig
90 ml

ungeschälte Mandeln
70 g

Rosinen
30 g

○ Den Ofen auf 170 °C vorheizen. Den Honig und das Kokosnussöl in einem Topf schmelzen. Die Aprikosen und die Mandeln grob schneiden.

○ Haferflocken, Rosinen, Aprikosen, Mandeln und die Mischung aus Honig und Kokosnussöl vermengen.

○ Eine Form von 30 x 17 cm mit Backpapier auslegen und die Zubereitung auf 2 cm Höhe auf dem Boden verteilen. Für 25 Minuten in den Ofen geben.

○ Abkühlen lassen und dann in Riegel schneiden. In einem luftdichten Behälter aufbewahren.

Für den kleinen Hunger

Energiekugeln mit Feigen und Kokos

 In 20 Minuten vorbereitet

 6 Minuten Kochzeit

 Für 15 Stück

getrocknete Feigen
10 große

kleine Haferflocken
3 Esslöffel

Kokosflocken
30 g

grüne Zitrone
x 1

○ Von der grünen Zitrone Zesten schaben.

○ Die Feigen in einem Topf mit 40 ml Wasser 6 Minuten kochen. Sie müssen weich werden und das gesamte Wasser aufnehmen.

○ Die Feigen in Stücke schneiden. Mit den Haferflocken und den grünen Zitronenzesten in einem Mixer vermengen.

○ Mit der Hand kleine Kugeln formen und in Kokosflocken wälzen. In einem luftdichten Behälter aufbewahren (maximal 5 Tage).

Energiekugeln mit Himbeeren

🔪 **In 20 Minuten vorbereitet**

🍲 **6 Minuten Kochzeit**

☺ **Für 13 Stück**

getrocknete Feigen
x 10 große

ungezuckerter Kakao
3 Esslöffel

○ Die Feigen in einem Topf mit 40 ml Wasser 6 Minuten kochen. Sie müssen weich werden und das gesamte Wasser aufnehmen.

Himbeeren
x 6

Nüsse
x 25

○ Die Feigen in Stücke schneiden. Mit den Haferflocken, dem Kakaopulver und den Himbeeren in einem Mixer vermengen.

○ Die Nüsse zerstoßen und auf einen kleinen Teller legen. Mit der Hand Kugeln formen und in den gestoßenen Nüssen wälzen. In einem luftdichten Behälter aufbewahren (maximal 4 Tage).

kleine Haferflocken
4 Esslöffel

Orangentaler und Chia

dunkle Schokolade
mit Vanille
200 g

Haferflocken
2 Esslöffel

Orange
x 1

Chia-Samen
1 ½ Esslöffel

 **In 20 Minuten vorbereitet
2 Stunden Ruhezeit**

 Ohne Kochen oder Backen

 Für 12 Stück

○ Zesten von der Orange schaben.
Die Schokolade im Wasserbad
schmelzen.

○ Die Schokolade auf eine mit
Backpapier belegte Platte
gießen, sodass sich Taler mit
einem Durchmesser von 4 cm
ergeben. In die Mitte Haferflocken, Chia-Samen und
Orangenzesten streuen.

○ Abkühlen lassen, dann vorsichtig mit einem Spatel lösen.
In einem luftdichten Behälter
kühl aufbewahren.

Schokotaler mit Datteln

**In 20 Minuten vorbereitet
3 Stunden Ruhezeit**

Ohne Kochen oder Backen

Für 1 Platte

dunkle Schokolade
mit Vanille
300 g

Nüsse
x 15

Kürbiskerne
30 g

getrocknete Datteln
x 3

○ Die Schokolade bei schwacher Hitze im Wasserbad schmelzen lassen, dabei immer wieder mit einem Holzlöffel umrühren. Die Nüsse grob hacken und die Datteln in kleine Stücke schneiden.

○ Die geschmolzene Schokolade in eine runde, mit Backpapier ausgelegte Form mit einem Durchmesser von 18 cm gießen, vorsichtig die gehackten Nüsse, die Kürbiskerne und die Dattelstücke darauf verteilen.

○ Abkühlen lassen, vom Backpapier lösen und in Rechtecke schneiden.

Smoothie mit Ananas und Avocado

Banane
x ½

tiefgekühlte Ananas
140 g

 In 5 Minuten vorbereitet

 Ohne Kochen oder Backen

 Für 1 Person

sehr reife Avocado
x ½

Chia-Samen
1 Teelöffel

○ Die Banane schälen und in Scheiben schneiden. Die Zitrone pressen, um 50 ml Saft zu erhalten. Die Avocado halbieren, den Kern entfernen und das Fleisch in Stücke schneiden.

○ Die Banane, die tiefgekühlten Ananasstücke und die Avocado in einem Mixer vermengen. Die Kokosmilch, Chia-Samen und den Zitronensaft hinzufügen und dann gut mixen.

○ In ein großes Glas gießen.

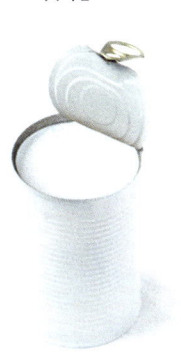

Kokosmilch
150 ml

Zitrone
x 1

Vollkornweizen, Rote Bete und Feta

 In 10 Minuten vorbereitet

 15 Minuten Kochzeit

 Für 1 Person

Vollkornweizen
80 g

Champignons
x 6 kleine

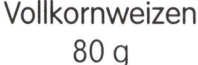

Feta
x 12 Würfel

gemischter Blattsalat
x 1 Handvoll

vorgekochte Rote Bete,
vakuumiert
x ½

Olivenöl
1 Schuss

○ Den Vollkornweizen nach den Anweisungen auf der Verpackung kochen.

○ Die Champignons waschen und in feine Streifen schneiden. Die Rote Bete in Würfel schneiden. Den Salat waschen.

○ Den abgetropften Vollkornweizen, die Salatblätter, die Rote-Bete-Würfel, die Champignons und die Feta-Würfel in eine Schale geben. Vinaigrette der Wahl darübergießen (siehe Einführung).

Vollkornweizen, Karotten und Eier

 In 10 Minuten vorbereitet

 40 Minuten Kochzeit

 Für 2 Personen

Vollkornweizen
125 g

Karotten
x 10 kleine

Eier
x 2

Schnittlauch
x ½ Bund

Gurke
x ½

Olivenöl
2 Schuss

○ Den Ofen auf 180 °C vorheizen. Den Weizen nach den Anweisungen auf der Verpackung kochen. Gurke schälen und schneiden.

○ Die Karotten waschen. Auf eine Platte legen, mit Öl übergießen, salzen, pfeffern und 40 Minuten in den Ofen geben.

○ Den abgetropften Weizen, die gebratenen Karotten und die Gurke auf zwei Schalen verteilen.

○ Die Spiegeleier 2 – 3 Minuten mit einem Schuss Olivenöl braten. In die Schalen geben und mit Schnittlauch bestreuen. Vinaigrette der Wahl darübergießen (siehe Einführung).

La Ratte-Kartoffeln, Avocado und Quinoa

 In 10 Minuten vorbereitet

 17 Minuten Kochzeit

 Für 1 Person

Quinoa
80 g

La Ratte-Kartoffeln
x 8

○ Den Quinoa nach den Anweisungen auf der Verpackung kochen. Die La Ratte-Kartoffeln in kochendem Salzwasser für 17 Minuten kochen. Abgießen und die Haut entfernen.

Avocado
x 1

Zitrone
x 1

○ Die Gurke schälen und in Stücke schneiden. Die Zitrone pressen. Das Fleisch der Avocado quetschen. 1 Esslöffel Zitronensaft hinzufügen, salzen und pfeffern.

Gurke
x ¼

Koriander
x ¼ Bund

○ Den abgetropften Quinoa, die Kartoffeln, die Gurkenwürfel und die Avocadocreme in eine Schale geben. Mit dem gehackten Koriander bestreuen. Vinaigrette der Wahl darübergießen (siehe Einführung).

Quinoa, Lachs und Rotkohl

In 10 Minuten vorbereitet

30 Minuten Kochzeit

Für 2 Personen

Quinoa
100 g

Rotkohl
x ¼

Räucherlachs
x 4 Scheiben

Schnittlauch
x ½ Bund

Aubergine
x 1

Olivenöl
1 Schuss

○ Den Ofen auf 180 °C vorheizen. Den Quinoa nach den Anweisungen auf der Verpackung kochen.

○ Die Aubergine in große Würfel schneiden, auf eine Platte legen und Olivenöl darübergießen. Salzen, pfeffern und 30 Minuten in den Ofen geben. Den Rotkohl in feine Streifen schneiden.

○ Den abgetropften Quinoa, die Auberginenwürfel, den Kohl, die Räucherlachsscheiben und den mit der Schere geschnittenen Schnittlauch in zwei Schalen geben. Vinaigrette der Wahl darübergießen (siehe Einführung).

Quinoa, Gurke und Sesam

 In 10 Minuten vorbereitet

 15 Minuten Kochzeit

 Für 1 Person

Quinoa
80 g

Ei
x 1

○ Den Quinoa nach den Anweisungen auf der Verpackung kochen. Das Ei 6 – 7 Minuten kochen. Abkühlen lassen und dann halbieren.

Avocado
x 1

vorgekochte Rote Bete,
vakuumiert x ½

○ Die Gurke schälen und in kleine Würfel schneiden. Die Avocado halbieren, den Kern und die Haut entfernen. Die Rote Bete in sehr feine Streifen schneiden.

Gurke
x ¼

schwarze Sesamsamen
1 Teelöffel

○ Den abgetropften Quinoa, die Gurkenwürfel, das Ei, die halben Avocados, die Rote Bete und die Sesamsamen in eine Schale geben. Vinaigrette der Wahl darübergießen (siehe Einführung).

Röstis mit Karotten und Avocado

 In 10 Minuten vorbereitet

 8 Minuten Kochzeit

 Für 1 Person

Kartoffel
x 1 große

Avocado
x 1

Romana-Salat
x 1

Sesamsamen
2 Esslöffel

Karotten
x 2

Olivenöl
1 Schuss

○ Die Kartoffel und die Karotte schälen und raspeln. Die Kartoffel und ein Drittel der Karotten in einem Geschirrtuch trocknen. Salzen und pfeffern.

○ Aus der geraspelten Mischung Fladen formen. In einer Pfanne mit Olivenöl 4 Minuten von jeder Seite anbraten.

○ Die Sesamsamen rösten. Die Avocado halbieren, den Kern und die Haut entfernen.

○ Alle Zutaten in einen Topf geben. Vinaigrette der Wahl darübergießen (siehe Einführung).

Nudeln mit Thunfisch und Ricotta

 In 10 Minuten vorbereitet

 10 Minuten Kochzeit

 Für 1 Person

Orecchiette
100 g

Tomaten
x 3 große

Basilikum
x 10 Blätter

Kapern
2 Esslöffel

Thunfisch natur
x ½ Dose

Ricotta
2 Esslöffel

○ Die Nudeln kochen.

○ Die Haut der Tomaten kreuzförmig einritzen, 30 Sekunden in das kochende Wasser geben und dann die Haut entfernen.

○ Die grob geschnittenen Tomaten mit dem Thunfisch, einem Esslöffel Kapern und ein paar gehackten Basilikumblättern in einen Topf geben. Salzen, pfeffern und 10 Minuten kochen lassen.

○ Nudeln und Tomatensauce in eine Schale geben. Die restlichen Kapern, den Ricotta und das restliche Basilikum hinzugeben.

Nudeln mit geräucherter Makrele

Fusilli
100 g

rote Paprika
x ½

🔪 **In 10 Minuten vorbereitet**

🍲 **12 Minuten Kochzeit**

🙂 **Für 1 Person**

○ Die Nudeln nach den Anweisungen auf der Verpackung kochen.

○ Die Kirschtomaten waschen und vierteln. Die rote Paprika waschen und in Streifen schneiden. Die Basilikumblätter mit der Schere kleinschneiden.

Basilikum
x 8 Blätter

geräucherte Makrele
x 1 Filet

○ Die abgegossenen Nudeln, die Paprikastreifen, die Kirschtomaten, das Makrelenfilet und das mit der Schere kleingeschnittene Basilikum in eine Schale geben. Vinaigrette der Wahl darübergießen (siehe Einführung).

Kirschtomaten
x 12

Vollkornreis, Spinat und Curry

 In 10 Minuten vorbereitet

 12 Minuten Kochzeit

 Für 1 Person

Vollkornreis
100 g

Blattspinat
x 3 Handvoll

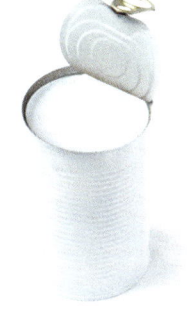

Kokosmilch
150 ml

grüne Zitrone
x 1

Currypulver
1 Teelöffel

Olivenöl
1 Schuss

○ Den Reis nach den Anweisungen auf der Verpackung kochen. Die grüne Zitrone vierteln.

○ Olivenöl, Curry und die Spinatblätter in einen Topf geben und 4 Minuten bei gelegentlichem Umrühren kochen lassen.

○ Die Kokosmilch und den Saft von 2 Vierteln der grünen Zitrone hinzufügen und noch 5 Minuten bei schwacher Hitze kochen lassen.

○ Den abgegossenen Reis, die Spinatblätter und die restlichen Viertel der grünen Zitrone in eine Schale geben, salzen und pfeffern.

Wildreis und Blumenkohl

 In 10 Minuten vorbereitet

 35 Minuten Kochzeit

 Für 1 Person

Wildreis
125 g

Blumenkohl
x ¼

○ Den Reis nach den Anweisungen auf der Verpackung kochen. Die rote Paprika in Stücke schneiden.

Koriander
x ¼ Bund

gemischter Blattsalat
x 1 Handvoll

○ Die Blumenkohl-Röschen in kochendem Salzwasser 10 Minuten kochen. Abgießen und in eine Schale geben. Olivenöl darübergeben und salzen.

○ Den Wildreis, die Salatblätter, die Paprika und den grob gehackten Koriander dazugeben.

rote Paprika
x ½

Olivenöl
x 1 Schuss

Kichererbsen mit Avocado und Brokkoli

 In 10 Minuten vorbereitet

 5 Minuten Kochzeit

 Für 1 Person

gekochte Kichererbsen
x ½ Dose

Avocado
x 1

grüne Zitrone
x 1

Petersilie
x 4 Stiele

Brokkoli
x ½

Kümmelpulver
½ Teelöffel

○ Die Brokkoli-Röschen 5 Minuten in Salzwasser kochen. Abgießen und einen Schuss Olivenöl darübergeben.

○ Das Fleisch der Avocado in Würfel schneiden. Die Zitrone vierteln. Kichererbsen abtropfen lassen.

○ Die Kichererbsen, die Hälfte der Avocado und den Kümmel mischen. Die 2 Viertel der grünen Zitrone pressen, salzen und pfeffern.

○ Diese Mischung in eine Schale geben, den Brokkoli, die restliche Avocado und die gehackte Petersilie hinzufügen. Mit den restlichen Zitronenvierteln servieren.

Korallenlinsen mit Hühnchen und Kokos

 In 15 Minuten vorbereitet

 15 Minuten Kochzeit

 Für 1 Person

Korallenlinsen
100 g

Kokosnusscreme
200 ml

rote Peperoni
x ½

Knoblauch
x 1 Zehe

Hähnchenbrust
x 1 Filet

Koriander
x 4 Stiele

○ Die Korallenlinsen in Salzwasser nach den Anweisungen auf der Verpackung kochen. Abgießen.

○ Das Hühnchen in einer Pfanne 4 Minuten von jeder Seite anbraten und dann in Streifen schneiden.

○ Den Knoblauch schälen und in kleine Stücke schneiden. Die Peperoni in Scheiben schneiden. Kokoscreme, Knoblauch und Peperoni 5 Minuten sieden lassen. Salzen und pfeffern.

○ Die Korallenlinsen, die gewürzte Kokoscreme und das Hühnchen in eine Schale geben. Mit Koriander bestreuen.

Linsen, Lachs und Dill

grüne Linsen
170 g

Räucherlachs
x 2 Scheiben

Dill
x 4 Stiele

Nüsse
x 10

rote Zwiebel
x ¼

In 10 Minuten vorbereitet

20 Minuten Kochzeit

Für 1 Person

○ Die Korallenlinsen in einem Topf mit Salzwasser nach den Anweisungen auf der Verpackung bissfest kochen. Abgießen.

○ Die rote Zwiebel schälen und fein hacken. Die Nüsse und den Dill grob hacken.

○ Die Linsen vorsichtig mit der Zwiebel, den Nüssen und dem Dill vermischen und dann mit den Lachsstreifen in eine Schale geben. Vinaigrette der Wahl darübergießen (siehe Einführung).

Taboulé

 In 10 Minuten vorbereitet

 20 Minuten Kochzeit

 Für 1 Person

Grieß
90 g

Tomate
x 1

Petersilie
x ½ Bund

Vollkornbrot
x 1 Scheibe

Gurke
x ¼

Olivenöl
1 Schuss

○ Den Grieß nach den Anweisungen auf der Verpackung kochen.

○ Die Gurke schälen und in kleine Würfel schneiden. Die Tomaten in kleine Würfel schneiden. Die Petersilie fein hacken. Das Ganze in einer großen Schale mischen.

○ Das Brot in Würfel schneiden und mit einem Schuss Olivenöl in einer Pfanne anrösten. Die Würfel der Taboulé hinzufügen. Vinaigrette der Wahl darübergießen (siehe Einführung).

Gesalzenes Granola mit Sojasauce

🔪 **In 10 Minuten vorbereitet**

🍲 **25 Minuten Kochzeit**

☺ **Für 300 g**

ungeschälte Mandeln
50 g

grobe Haferflocken
100 g

Kokosnussöl
40 g

Sesamsamen
30 g

Kürbiskerne
70 g

gesalzene Sojasauce
2 ½ Esslöffel

○ Den Ofen auf 170 °C vorheizen. Das Kokosnussöl und die Sojasauce bei schwacher Hitze in einem Topf schmelzen.

○ Die Mandeln, die Haferflocken und die Samen in eine Schale geben. Das geschmolzene Öl hinzugeben und mischen.

○ Das Ganze in einer Schicht auf einem mit Backpapier belegtem Backblech verteilen. 25 Minuten in den Ofen geben und gelegentlich mit einem Holzlöffel umrühren.

○ Abkühlen lassen. Große Stücke gegebenenfalls zerquetschen. Luftdicht aufbewahren.

Hummus mit Avocado und Zitrone

 In 10 Minuten vorbereitet

 Ohne Kochen oder Backen

 Für 1 Person

gekochte Kichererbsen
x 1 Dose

Tahin
180 g

Zitrone
x 1

Kümmelpulver
2 Teelöffel

sehr reife Avocado
x 1

Sesamöl
1 Schuss

○ Die Avocado schälen, halbieren und den Kern entfernen. Die Zitrone pressen. Die Kichererbsen abtropfen lassen und spülen.

○ Die Kichererbsen, das Avocadofleisch, den Zitronensaft, das Tahin, das Sesamöl, den Kümmel, Salz und Pfeffer mixen. Ca. 100 ml Wasser hinzufügen, um den Hummus cremiger zu machen. Abschmecken und gegebenenfalls nachwürzen.

○ Mit Crackern oder Gemüsestreifen essen.

Sardinen-Mousse mit Curry

 In 5 Minuten vorbereitet

 4 Minuten Kochzeit

 Für 1 kleine Schale

Ölsardinen
x 1 Dose

Butter
20 g

grüner Apfel
x ½

Schnittlauch
x 6 Stiele

Currypulver
1 ½ Teelöffel

○ Den Schnittlauch mit der Schere kleinschneiden. Die Sardinen abgießen, die Haut und die Gräten entfernen.

○ Die Sardinen, die Butter, den Curry, Salz und Pfeffer mixen. Die Hälfte des mit der Schere geschnittenen Schnittlauchs hinzufügen und mit einer Gabel vermengen.

○ Den Apfel waschen und in sehr kleine Würfel schneiden.

○ Die Cracker mit der Sardinen-Mousse bestreichen. Mit den Apfelwürfeln und dem restlichen Schnittlauch servieren.

Röstis mit Thymian

 In 15 Minuten vorbereitet

 8 Minuten Kochzeit

 Für 8 Fladen

Kartoffeln
x 2 große

Zwiebel
x 1 kleine

Thymian
x 2 Stiele

Olivenöl
1 Schuss

Ei
x 1

O Die Kartoffeln und die Zwiebel schälen und reiben. Fest in ein Küchenhandtuch pressen. Die Blätter des Thymians abzupfen.

O Das geriebene Gemüse in eine große Schale geben, den Thymian und das Ei hinzugeben, salzen, pfeffern und gut vermischen.

O Eine Pfanne mit einem Schuss Olivenöl erhitzen. Mit den Händen flache Fladen formen. In die heiße Pfanne geben und 4 Minuten anbraten. Die Fladen umdrehen und von der anderen Seite 4 Minuten anbraten. Auf einem saugfähigen Papier abtropfen lassen.

Express-Falafel

 In 20 Minuten vorbereitet

 25 Minuten Kochzeit

 Für 13 Falafel

gekochte Kichererbsen
1 kleine Dose

Bund Petersilie
x ½

Knoblauch
x 1 Zehe

Olivenöl
1 Schuss

Kümmelpulver
1 Esslöffel

○ Den Ofen auf 200 °C vorheizen. Die Kichererbsen abtropfen lassen und trocknen. Den Knoblauch schälen und pressen. Die Blätter der Petersilie abzupfen.

○ Die Kichererbsen, den Knoblauch, den Kümmel, die Petersilienblätter, Salz und Pfeffer grob mischen, um eine nicht zu feine Mischung zu erhalten.

○ In den Handflächen leicht abgeplattete Bällchen formen. Jedes Falafel mit Olivenöl begießen. Auf ein mit Backpapier belegtes Backblech legen und 25 Minuten in den Ofen geben, bis sie leicht goldbraun sind.

Brot mit Avocado und Ei

Vollkornbrot
x 1 Scheibe

Avocado
x 1

 In 5 Minuten vorbereitet

 5 Minuten Kochzeit

☺ **Für 1 Person**

O Das Ei 5 Minuten in einem Topf
mit Wasser kochen. Abkühlen
lassen und dann schälen.

O Die Brotscheibe rösten. Die Zwiebel
schälen und in kleine Stücke
schneiden. Den Dill grob hacken.
Die halbe Zitrone pressen.

Ei
x 1

rote Zwiebel
x ¼

O Die Avocado halbieren, den
Kern entfernen und das Fleisch
entnehmen. Mit einer Gabel
zerquetschen, den Zitronensaft
hinzugeben und vermischen.

O Das Brot mit Avocadocreme
bestreichen. Das in Stücke
geschnittene Ei, die Zwiebel
und den Dill hinzufügen.
Salzen und pfeffern.

Zitrone
x ½

Dill
x 2 Stiele

Brot mit Avocado und Radieschen

 In 5 Minuten vorbereitet

 Ohne Kochen oder Backen

 Für 1 Person

Vollkorntoast
x 1 Scheibe

Avocado
x 1

rote Radieschen
x 2

Zitrone
x ¼

Kürbiskerne
1 Esslöffel

○ Die Radieschen waschen und in Scheiben schneiden. Die Avocado halbieren, den Kern entfernen und das Fleisch in Streifen schneiden. Die Zitronenviertel pressen.

○ Das Brot rösten. Mit Avocadostreifen und Radieschenscheiben garnieren.

○ Den Zitronensaft darübergießen, mit den Kürbiskernen bestreuen, salzen und pfeffern.

Brot mit Mandeln und Heidelbeeren

 In 5 Minuten vorbereitet

 Ohne Kochen oder Backen

 Für 1 Person

Vollkorntoast
x 1 Scheibe

Mandelpüree
50 g

○ Die Heidelbeeren waschen und trocknen.

○ Die Brotscheibe rösten. Mit einer dicken Schicht Mandelpüree bestreichen.

○ Die Heidelbeeren und die Chia-Samen darauf verteilen.

Chia-Samen
1 Teelöffel

Heidelbeeren
x ½ Schale

Brot mit Tahin und Banane

 In 5 Minuten vorbereitet

 Ohne Kochen oder Backen

 Für 1 Person

Vollkorntoast
x 1 Scheibe

Tahin
50 g

dunkle Schokolade
mit Vanille
x 2 Riegel

Banane
x ½

○ Die Schokoladenriegel raspeln. Die Banane schälen und in Scheiben schneiden.

○ Die Brotscheibe rösten. Mit einer dicken Schicht Tahin bestreichen.

○ Die Bananenscheiben und die Schokoladensplitter darauf verteilen.

Abendessen

Quinoa, Hühnchen und Orange

 In 15 Minuten vorbereitet

 13 Minuten Kochzeit

 Für 1 Person

Quinoa
100 g

Hähnchenbrust
x 1 Filet

Schnittlauch
x ½ Bund

Orange
x 1 große

Olivenöl
1 Schuss

○ Den Quinoa nach den Anweisungen auf der Verpackung kochen.

○ Schnittlauch fein schneiden. Orange schälen und scheibeln. Die Hälfte hacken und mit dem abgetropften Quinoa mischen, salzen und pfeffern.

○ Das Hühnchen in Stücke schneiden, diese auf 2 Spieße stecken.

○ In einer Pfanne mit Olivenöl 3 Minuten von jeder Seite anbraten.

○ Den Quinoa, die Spieße, die restliche Orange und den Schnittlauch in eine Schale geben. Vinaigrette der Wahl darübergießen (siehe Einführung).

Quinoa, Thunfisch und Rucola

 In 10 Minuten vorbereitet

 15 Minuten Kochzeit

 Für 1 Person

Quinoa
80 g

Thunfisch natur
1 Dose

Zitrone
x 1

Rucola
x 1 Handvoll

Ei
x 1

○ Den Quinoa nach den Anweisungen auf der Verpackung kochen. Abgießen. Das Ei 5 – 6 Minuten im Wasser kochen, abschrecken und schälen. Den Thunfisch abtropfen lassen.

○ Die Zitrone schälen und Filets davon schneiden. Die Hälfte davon grob hacken und mit dem Quinoa mischen, salzen und pfeffern. Den Rucola waschen.

○ Den Quinoa, die restlichen Zitronenfilets, den Rucola, das halbierte Ei und die Thunfischstücke in eine Schale geben. Vinaigrette der Wahl darübergießen (siehe Einführung).

Wildreis, Lauch und Feta

Wildreis
100 g

Lauch
x 1

Schnittlauch
x ½ Bund

gemischter Blattsalat
x 1 Handvoll

Feta
x 10 Würfel

Zitrone
x ½

 In 10 Minuten vorbereitet

 30 Minuten Kochzeit

 Für 1 Person

○ Den Wildreis nach den Anweisungen auf der Verpackung kochen. Den Schnittlauch mit der Schere kleinschneiden. Die halbe Zitrone vierteln.

○ Lauch fein schneiden und waschen. In einem Topf mit Olivenöl, dem Zitronensaft, Salz und Pfeffer bei mittlerer Hitze 3 Minuten bei häufigem Umrühren kochen. Die Hitze reduzieren und noch 5 Minuten kochen lassen.

○ Den abgetropften Wildreis mit dem Lauch in einer Schüssel mischen. Die zerbröckelten Fetawürfel, den Blattsalat und den Schnittlauch hinzufügen.

Spinat-Curry

 In 10 Minuten vorbereitet

 30 Minuten Kochzeit

 Für 1 Person

Vollkornreis
100 g

Blattspinat
x 2 große Handvoll

Banane
x ½

Currypulver
½ Teelöffel

Ricotta
x ½ Becher

Koriander
x 3 Stiele

○ Den Reis nach den Anweisungen auf der Verpackung kochen.

○ Einen Schuss Olivenöl in eine Pfanne geben und die in Scheiben geschnittene Banane 2 Minuten bei mittlerer Hitze auf jeder Seite anbraten.

○ Die Spinatblätter waschen und bei schwacher Hitze mit dem Ricotta, dem Curry, Salz und Pfeffer in einen Topf geben.

○ Den abgetropften Vollkornreis, das Spinat-Curry und die Banane in eine Schale geben. Mit dem grob gehackten Koriander bestreuen.

Schwarzer Reis, Kohl und Shrimps

 **In 10 Minuten vorbereitet**

 30 Minuten Kochzeit

 Für 1 Person

schwarzer Reis
70 g

Shrimps
x 10

Rotkohl
x ¼

Zitrone
x 1

Avocado
x 1

Schnittlauch
x ¼ Bund

○ Den Reis nach den Anweisungen auf der Verpackung kochen.

○ Die Shrimps schälen. Die Zitrone vierteln.

○ Den Rotkohl und den Schnittlauch in feine Streifen schneiden. Die Avocado halbieren, den Kern entfernen und das Fleisch in Würfel schneiden. Ein wenig Zitronensaft darübergeben.

○ Den abgetropften schwarzen Reis, die Shrimps, 2 Zitronenviertel, die Avocadowürfel und den Rotkohl in eine Schale geben. Den Schnittlauch darüberstreuen. Vinaigrette der Wahl darübergießen (siehe Einführung).

Vollkornreis, Apfel und Kohl

Vollkornreis
100 g

Ei
x 1

Rotkohl
x ¼

Fenchel
x ½ kleiner

roter Apfel
x ½

Olivenöl
1 Schuss

 In 10 Minuten vorbereitet

 20 Minuten Kochzeit

 Für 1 Person

○ Den Reis kochen und abgießen.

○ Den Kohl in feine Streifen schneiden. Den Fenchel mit einem Gemüsehobel in feine Streifen schneiden. Den Apfel waschen, halbieren, das Kerngehäuse entfernen und in Würfel schneiden.

○ Olivenöl in eine Pfanne geben und das Spiegelei 3 – 4 Minuten braten.

○ Den Vollkornreis in eine Schale geben und dann das Spiegelei drauflegen. Die restlichen Zutaten hinzugeben. Vinaigrette der Wahl darübergießen (siehe Einführung).

Linsen, Rote Bete und Kürbis

 In 15 Minuten vorbereitet

 35 Minuten Kochzeit

 Für 2 Personen

grüne Linsen
120 g

vorgekochte Rote Bete,
vakuumiert x ½

Hokkaidokürbis
450 g

Kerbel
x 1 Bund

Feta
x 15 Würfel

Olivenöl
1 Schuss

○ Den Ofen auf 200 °C vorheizen. Den Hokkaidokürbis waschen, halbieren und dann tranchieren. Auf ein mit Backpapier belegtes Backblech legen, mit Olivenöl beträufeln, salzen und pfeffern. Für 35 Minuten in den Ofen geben.

○ Die Linsen nach den Anweisungen auf der Verpackung kochen. Abgießen. Die Rote Bete in Würfel schneiden.

○ Die Linsen, die Rote Bete und die gebratenen Kürbisstreifen auf zwei Schalen verteilen. Den Feta zerkrümeln und den gezupften Kerbel darüberstreuen. Vinaigrette der Wahl darübergießen (siehe Einführung).

Polenta mit Champignons

 In 15 Minuten vorbereitet

 5 Minuten Kochzeit

 Für 2 Personen

Instant-Polenta
130 g

geriebener Parmesan
4 Esslöffel

Champignons
300 g

Olivenöl
1 Schuss

Balsamico-Essig
1 Schuss

Petersilie
x 3 Stiele

○ Die Petersilie waschen und fein hacken. Die Stiele der Champignons entfernen, die Champignons waschen und vierteln.

○ Die Champignons in einer Pfanne mit Olivenöl 5 Minuten anbraten. Balsamico-Essig, Salz, Pfeffer und die Hälfte der Petersilie hinzugeben.

○ In einem Topf 600 ml Wasser zum Kochen bringen. Die Instant-Polenta unter Rühren einrieseln lassen und noch 2 Minuten bei schwacher Hitze kochen lassen. Salzen, pfeffern, dann die gebratenen Champignons, den geriebenen Parmesan und die Petersilie hinzufügen.

Kichererbsen und Lachs

gekochte Kichererbsen
x ½ Dose

Gurke
x ¼

 In 10 Minuten vorbereitet

 Ohne Kochen oder Backen

 Für 1 Person

Fenchel
x ½ kleiner

Minze
x 2 Stiele

○ Die Kichererbsen abtropfen lassen und spülen. Die Gurke schälen und in feine Scheiben schneiden. Den Fenchel waschen und in feine Scheiben schneiden.

○ Die Minzeblätter waschen, mit der Schere fein schneiden und mit den Kichererbsen mischen.

○ Die Kichererbsen, die Gurken-streifen und den Fenchel, den Räucherlachs und die geviertelte grüne Zitrone in eine Schale geben. Vinaigrette der Wahl dar-übergießen (siehe Einführung).

Räucherlachs
x 1 Scheibe

grüne Zitrone
x ½

Nudeln, Spargel und Kohl

 In 20 Minuten vorbereitet

 7 – 9 Minuten Kochzeit

 Für 1 Person

Tortiglioni
100 g

grüner Spargel
x ½ Bund

Chinakohl
x ¼

mittelscharfe Peperoni
x ½

Ei
x 1

Sesamöl
1 Schuss

○ Die Nudeln kochen, den Spargel schälen und 4 – 5 Minuten in Salzwasser kochen. Abgießen.

○ Den Chinakohl in Streifen schneiden. Die Peperoni in feine Scheiben schneiden.

○ Den Chinakohl in einer Pfanne mit Sesamöl und zwei Esslöffeln Wasser und der mittelscharfen Peperoni 7 – 9 Minuten anbraten. Das Ei in die Pfanne schlagen, rühren und dabei anbraten lassen.

○ Die abgetropften Nudeln und den Spargel hinzufügen. In eine Schale geben, salzen und pfeffern.

Coleslaw, Granatapfel und Sesam

Karotte
x 1

Weißkohl
x ¼

 In 15 Minuten vorbereitet

 Ohne Kochen oder Backen

 Für 1 Person

Granatapfel
x ½

Sesamsamen
2 ½ Esslöffel

Zitrone
x ½

Olivenöl
1 Schuss

○ Den Granatapfel halbieren und vorsichtig die Kerne herausnehmen. Die Karotte schälen und in feine Stifte schneiden. Den Kohl in feine Streifen schneiden. Die Zitrone pressen. Die Sesamsamen in einer Pfanne ohne Öl anrösten.

○ Den Kohl und die Karotte mischen. Den Zitronensaft, 2 Esslöffel Sesamsamen und einen Schuss Olivenöl hinzufügen. Salzen, pfeffern und gut vermischen.

○ In eine Schale geben, die Granatapfelkerne dazugeben und mit den restlichen Sesamsamen bestreuen.

Grenaille-Kartoffeln mit Spinat

 In 10 Minuten vorbereitet

 15 Minuten Kochzeit

 Für 1 Person

Blattspinat
x 2 große Handvoll

Grenaille-Kartoffeln
x 15

Sesamöl
2 Schuss

Vollkornbrot
x 1 Scheibe

Knoblauch
x 1 Zehe

○ Die Grenaille-Kartoffeln 15 Minuten in einem Topf mit Salzwasser kochen. Abgießen und die Haut entfernen.

○ Den Knoblauch schälen und hacken. Das Brot in Würfel schneiden. In einer Pfanne mit einem Schuss Sesamöl, Salz und Pfeffer die Brot-Croutons rösten, bis sie kross sind.

○ In derselben Pfanne die Spinatblätter mit einem Schuss Sesamöl und Knoblauch für 4 – 5 Minuten zusammenfallen lassen. Mit den warmen Grenaille-Kartoffeln in eine Schale geben, salzen, pfeffern und die Croutons hinzufügen.

Linsensuppe und Karotten

 In 10 Minuten vorbereitet

 25 Minuten Kochzeit

 Für 2 Personen

Korallenlinsen
80 g

Gemüsebrühe
x 1 Würfel

Karotten
x 5

Joghurt
x ½ Becher

gemahlener Kümmel
1 Teelöffel

Vollkornbrot
x 2 dünne Scheiben

○ Die Korallenlinsen kochen und abgießen.

○ Die Karotten schälen und in Scheiben schneiden. 1 l Wasser zum Kochen bringen, den Brühwürfel und dann die Karotten hinzufügen und 25 Minuten sieden lassen.

○ Die Brotscheiben im auf 180 °C vorgeheizten Ofen rösten.

○ Die Karotten mit dem Joghurt, dem Kümmel, Salz und Pfeffer mixen. Brühe hinzufügen, bis die Suppe homogen, angedickt und flaumig ist. In Schalen gießen, die Linsen und das geröstete Brot hinzufügen.

Salat mit Sommerfrüchten

 **In 15 Minuten vorbereitet**

Ohne Kochen oder Backen

Für 2 Personen

Wassermelone
x 2 Scheiben

Honigmelone
x 2 Scheiben

○ Die Blätter von der Minze zupfen und waschen.

Minze
x 2 Stiele

grüne Zitrone
x 1

○ Die Früchte schälen. Die Kerne aus den Melonen entfernen, das Fleisch der Mango um den Kern herum entnehmen. Die Früchte in Streifen und dann in Würfel schneiden.

Mango
x 1

○ Die Früchte mit den Minzblättern auf zwei Schalen verteilen. Etwas Zitronenzesten darüber schaben.

Gebackene Früchte mit Chia-Samen

 In 15 Minuten vorbereitet

 25 Minuten Kochzeit

 Für 2 Personen

Äpfel
x 3

Pfirsiche
x 2

Rohrzucker
2 Esslöffel

Chia-Samen
1 Esslöffel

Himbeeren
x 1 Schale

Minze
x 2 Stiele

○ Den Ofen auf 180 °C vorheizen. Die Früchte waschen. Den Chia-Samen mit 4 Esslöffeln Wasser auf einen Teller geben.

○ Die Äpfel schälen, halbieren, das Kerngehäuse entfernen und dann jeden halben Apfel vierteln. Auf den Teller legen. Die Aprikosen halbieren, den Kern entfernen und mit den Himbeeren auf den Teller legen.

○ Mit Rohrzucker bestreuen und dann 25 Minuten in den Ofen geben. Ab und zu wenden, wenn die Ränder zu schnell braun werden. Abkühlen lassen und die mit der Schere geschnittene Minze darüberstreuen.

Chia-Pudding mit Ananas

 In 10 Minuten vorbereitet

 6 Stunden im Kühlschrank

 Ohne Kochen oder Backen

 Für 2 Personen

Chia-Samen
4 Esslöffel

Banane
x ½

Mandelmilch
250 ml

Ananas
x 4 dünne Scheiben

Akazienhonig
2 Esslöffel

○ Die Ananas schälen und in Scheiben schneiden. Den harten Kern in der Mitte entfernen. 2 Scheiben aufbewahren, die 2 anderen in Stücke schneiden.

○ In einer großen Schale die Mandelmilch, die Chia-Samen, den Honig und die Ananas-stücke mischen und die Mischung auf zwei Schalen verteilen. 6 Stunden in den Kühlschrank stellen.

○ Die Banane schneiden und in Scheiben schneiden. Auf dem Chia-Pudding verteilen und dann die Ananasstücke daraufgeben.

Eisbecher mit Bananen und Passionsfrucht

 In 10 Minuten vorbereitet
4 Stunden im Gefrierfach

 Ohne Kochen oder Backen

 Für 2 Personen

Bananen
x 3 große

Passionsfrucht
x 1

O Die Kokosflocken in einer Pfanne ohne Öl rösten. Die Bananen schälen und in Scheiben schneiden.

Akazienhonig
2 Esslöffel

Nussmilch
150 ml

O Die Bananen, die Milch, die Vanille und den Honig in einem Mixer mischen. Die Zubereitung in eine Kunststoffdose füllen und 4 Stunden in den Gefrierschrank geben. Immer wieder mit einer Gabel umrühren.

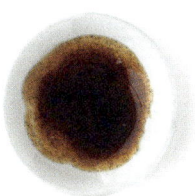

Vanilleextrakt
1 Teelöffel

Kokosflocken
2 Esslöffel

O Die Passionsfrucht halbieren und die Haut entfernen. Das Eis verrühren, um es weich zu machen. Auf die beiden Schalen verteilen, das Fleisch der Passionsfrucht hinzufügen und die Flocken darüberstreuen.

Eisbecher mit Bananen und Orange

 **In 10 Minuten vorbereitet
4 Stunden im Gefrierfach**

 Ohne Kochen oder Backen

 Für 2 Personen

Bananen
x 3

Orange
x 1 kleine

Honig
3 Esslöffel

Nüsse
x 10

Naturjoghurt
x 1 Becher

○ Die Bananen schälen und in Scheiben schneiden. Die Orange schälen und Filets davon schneiden.

○ Die Bananenscheiben mit den Orangenfilets, dem Joghurt und dem Honig zu einer homogenen Masse verrühren.

○ Die Creme in eine Kunststoffdose füllen und 4 Stunden in den Gefrierschrank geben. Immer wieder mit einer Gabel umrühren.

○ Die Nüsse hacken. Das Eis verrühren, um es weich zu machen, und dann auf zwei Schalen verteilen. Die Nüsse darüberstreuen.

Eisbecher mit Kiwi und Kokos

 In 10 Minuten vorbereitet
4 Stunden im Gefrierfach

 Ohne Kochen oder Backen

 Für 2 Personen

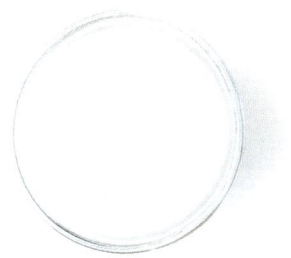

Kokoscreme
150 ml

Kiwis
x 2

Mandelplättchen
2 Esslöffel

Bananen
x 2

Akazienhonig
2 Esslöffel

○ Die Mandelplättchen in einer Pfanne ohne Öl rösten. Die Kiwis und die Bananen schälen und in Scheiben schneiden.

○ Die Kiwi- und die Bananen- scheiben mit der Kokoscreme und dem Honig zu einer homogenen Masse mixen.

○ Die Creme in eine Kunststoffdose füllen und 4 Stunden in den Gefrierschrank geben. Immer wieder mit einer Gabel umrühren.

○ Die Zubereitung verrühren, damit sie weich wird, und dann auf zwei Schalen verteilen und mit den gerösteten Mandeln bestreuen.

Bratäpfel mit Schokolade

 In 15 Minuten vorbereitet

🍲 40 Minuten Kochzeit

😊 Für 2 Personen

Äpfel
x 3

dunkle Schokolade
mit Vanille   100 g

Zimtpulver
3 Prisen

Nüsse
x 10

Rohrzucker
1 ½ Esslöffel

○ Den Ofen auf 180 °C vorheizen. Die Äpfel waschen, einen Deckel abschneiden und die Kerngehäuse entfernen. Auf einem mit Backpapier belegten Backblech in den Ofen geben.

○ Jeden Apfel mit einem halben Esslöffel Zucker und 1 Prise Zimt füllen. Für 40 Minuten in den Ofen geben.

○ Die Nüsse in einer Pfanne ohne Öl rösten. Die Schokolade im Wasserbad schmelzen.

○ Jeden Apfel mit geschmolzener Schokolade übergießen, mit den gerösteten Nüssen bestreuen und den Deckel wieder aufsetzen.

Gebackene Ananas

 In 15 Minuten vorbereitet

 30 Minuten Kochzeit

 Für 2 Personen

Ananas
x 3 Scheiben

Passionsfrucht
x 1

Butter
15 g

Haferflocken
4 Esslöffel

Rohrzucker
8 Esslöffel

○ Den Ofen auf 190 °C vorheizen. Die Ananasstücke schälen und den harten Kern entfernen. Auf ein eingefettetes Backblech legen.

○ Zucker und Butter in einem Topf bei schwacher Hitze schmelzen. Haferflocken hinzugeben, mischen und auf die Ananasscheiben geben, sodass diese abgedeckt sind. Für 30 Minuten in den Ofen geben.

○ Die Passionsfrucht halbieren und die Haut entfernen. Die gebackenen Ananasscheiben auf einen Teller legen und das Fruchtfleisch der Passionsfrucht darauf verteilen.

Apfelkompott mit Banane

 In 10 Minuten vorbereitet

 10 Minuten Kochzeit

 Für 2 Personen

Äpfel
x 3 große

Banane
x ½

Vanille
x ½ Schote

**dunkle Schokolade
mit Vanille**
x 2 Riegel

Zitrone
x ½

Mandelplättchen
1 Esslöffel

○ Äpfel schälen, Kerngehäuse entfernen und dann in Stücke schneiden. Die Banane schälen und in Scheiben schneiden. Die Mandeln in einer Pfanne ohne Öl anrösten. Die Zitrone pressen. Das Mark aus der Vanilleschote kratzen.

○ Die Früchte, das Vanillemark, 50 ml Wasser und 1 Esslöffel Zitronensaft in einen Topf geben. Zum Kochen bringen und dann 10 Minuten unter Rühren kochen lassen.

○ Die Schokolade grob hacken. Das abgekühlte Kompott in Schalen gießen. Mit der Schokolade und den Mandeln bestreuen.

Was macht man womit?

Die Originalausgabe erschien 2016 unter dem Titel:
Énergie Super Facile

© 2017 Librero IBP (für die deutschsprachige Ausgabe)
Postbus 72, 5330 AB Kerkdriel, Niederlande

© Hachette Livre (Marabout), 2016
Fotografie der Zutaten © Akiko Ida, Charlotte Lascève,
Elisa Watson, Richard Boutin, Valéry Guédès und
Pierre Javelle

Produktion der deutschsprachigen Ausgabe:
Tanja Timmerman vertaling & redactie
Übersetzung: Judith Muhr
Satz: Elixyz Desk Top Publishing

Printed in Slovenia

ISBN: 978-90-8998-827-0